АРКАДИЙ САНДЛЕР

НЕСЛУЧАЙНЫЕ СТОЛКНОВЕНИЯ СЛОВ

НЬЮ-ЙОРК
2021

АРКАДИЙ СAНДЛЕР
НЕСЛУЧАЙНЫЕ СТОЛКНОВЕНИЯ СЛОВ

ARKADY SANDLER
NONRANDOM COLLISIONS OF WORDS

Copyright © Arkady Sandler

All rights reserved
Drawings by the author

Design and layout by Boris Budiyanskiy

No part of this book may reproduced in any form,
except for the inclusion of brief quotations in a review or article,
without written permission from the authors or publisher.

ISBN: 978-1-937417-91-8

Printed in the United States of America

* * *

И вроде направление
             знаешь,
и ходить
       научился уже,
             все равно на миг
                   отвлечешься
да об землю размажешь рожу.

а Царь уже
       вышел в поле,
             а ты весь
                   в грязи лежишь,
лежишь
       на своём-то брюхе,
и пускаешь
             свои пузыри.

* * *

Душный вечер индейского
												лета.
				Осоловевшие сверчки
								вытесняют
из темноты остатки
												света;
обрывки случайных
				разговоров
								выпадают из окна-ока,
												желтые зубы – губы
				через-раз-никотином
												душат.
Дышат фонари,
				качаясь
								одиноко,
шум машин вдалеке –
								индикация жизни
												человека.
В божественной канцелярии
								кипит работа –
								кому-выдыхать-кому-задыхаться
				кому плечом, а кому кирпичем –
												Бог-в-помощь,
												воздастся!

* * *

Забыть лицо роговицей
                             глаза,
           вымыть мылом
                      руки,
           и излить душу уху
                         унитаза.
Выбелить зубы,
       постелить свежую простынь,
               да резать плоть безопасной...
Писать стихи на листах   измятых
       лежать задавленным
              на дороге,
      источая скунса
            запах.

ПОХМЕЛЬЕ!

Лечь бы под
        поезд вдохновения –
                Карениной.
На колеса строфы,
        кишками намотать –
                рифмы.
А машинист бы, добавил жару
        и злости! Да так,
                чтоб затрещали кости!

Даже пусть будет больно,
        но быстро,
               за то потом веселье –
Похмелье!

* * *

Спит бомж под стук колес
               в луже блевотины,
                          усыпан лепестками
                                  роз.

* * *

Метро,
        где много голосов
                           слилось,
и нет привычнее картины,
        чем утренний
                           невроз.

* * *

Боль, соловьем
                поющим,
       стреляет в плечо, отдается
            в сердце
                    вялотекущем.
За окном вечер
          лень мгновения
не отпускает,
           ветер листьями
        бумаги в воздухе птичьи
          кружит стаи.

Осень.
        Дождь небом
                  серым
наполняет лужи –
        легко капле
в воде слезой раствориться,
     пока
           соль словами на дно
     ляжет,
     пока время волдырем сигареты
               пальцы лижет
ты сиди.
        Уже некуда торопиться.

* * *

Часы рисуют дыры, секундной,
стрелкой, на циферблате ночи.
Ты плывешь на своем диване
в океане забытой кем-то мечты.
Один, – и кругом ни футбола,
ни тапочек, ни суеты.
Кругом только вечность и голос,
зовущий из-за кухонной двери.

* * *

Воздух квартиры
         молчит.
                Он позабыл,
как игла легко
              трещит на
                        виниле.

Под потолком
            на диване
расположены мы.
            Ты лежишь, я сижу
                        сбоку.
У нас у обоих книги.

Мы читаем.
        Я глажу твои
                        ноги.
        Читаем и вроде
              близки,
только нас
            разделяют
                        страницы.

* * *

Март пасмурным днем в
   окно светит.
      Голова мигренью
         рябит в глазах,
  да в ушах
        колотит.
Чужое дитё за окном
      грязь сапогом
         топчет.

Земля дремлет скукой,
   скупо
      подснежники по одному
из себя Весну
      прыщами
        давит.
Да о снежных
     поцелуях на
   своей серой коже
        мечтает.
Я сижу на балконе;
    стая ворон
   над мусоркой еду себе
        ищет.
Небо
    свинцовыми облаками
       виски сжимает.
А за стеной телевизор
     в паранойю соседку
        вгоняет.

* * *

И голова тупиком
И в клетке ребер сквозит
И ветер гуляет в сердце дырой
И из этой дыры выполз спрятанный   свет
И червяком с испугом глядит
              между пальцами глаз
И вроде уже ничего не болит
       хоть кричи – не кричи
             или даже зови
      зови, да не приглашай по любви.
И не пои ни водой, ни вином.
И если водой – то только руки омой,
И если вином – то, конечно, стошнит
И не пой мне, не пой
и не читай мне чьи-то стихи…
И если читаешь – то знай, что они не горят,
И раз не горят – то не согреть им любви.

* * *

Ночь темнотой
        навалилась на одеяло – давит.
Не выдохнешь, не вздохнешь,
        только лежишь,
               повернувшись лицом
                      к стене, да в трещинах
                              убежище правишь.

А ветер скрипит окном,
        сквозняком в суставах ноет.
Кто-то просится в сон и
        будит, и
                воет.
Я бы его прогнал,
        но-он-никак-не-уходит.

Ты молча лежишь на краю,
        и я вижу в зеркале твоё
                            отраженье.
Вижу себя и окно,
        темноту и того,
                кто-всё-никак-не-уходит.

* * *

Кирпич домов, асфальт вечнодырявый, параллели улиц и перпендикуляры неба на потертых тротуарах. Полу-глухие голуби, одуревшие от гудков и суеты автомобилей, на нервах – проводах сидят и гадят на головы прохожим. Люди, автомобили, стереотипы – движение по всем трём измерениям. Нет, по четырем или по всем пяти... А я застрял в вечнорастущей пробке и наблюдаю, через окно своей машины то, как Бруклин приятно удивлён Весною.

* * *

Утром туманным приснились:
                                      слова
              женская голова
                    с глазами из целлофана,
                            нос
                            рот
с губами цвета шафрана.

Голова открыла глаза
              которые когтями
                      впились в меня.
Открыла рот и застрочила
                    словами, как станковый пулемет
         или цунами.

Был бы у меня танк
                        или автомат
                        или ружье
                        или меч –
                            кладенец
                                на худой конец.
То я бы этим танком,
              автоматом,
                      ружьем
                              или мечем – кладенцом
вычеркнул бы из мироздания
                  этот кошмарный плод
своего сознания.

Но конец был ни то, ни сё,
                      ни худой, – никакой!
    Не оказалось во сне
               ничего под рукой.

И закричав, я проснулся
              в холодном поту.
                    Пожалуй, пойду
                          валерьянки приму.

ОКНО

Вагон. В вагоне полутемно.
        В вагоне сижу я
                напротив окна.
                        И оно отражает
                            меня.

Ни тебя, ни ее,
        никого, – только меня,
                как на картине
                        Рембранта.

А за окном
        как в полудреме
                немого кино
                      быстро течет
                            метро.

Я молчу, молчит и оно,
        и кругом все молчат,
                уткувшись в лица
                        экранов.

Потом я встану,
        поправлю пиджак
                и оставлю окно,
                      и выйду в открытые
                            двери.

А в окно
        встанешь ты
                и оно нарисует тебя,
                      как в
                          кино.

                Но меня в нем уже не будет.

* * *

Кривые зеркала, –
        новая перспектива.
Вектор падения
              подразумевает
                              взлет.

Один в уме,
        три в запасе,
                но уже за столом
вытряхиваем из времени
                      песок.

В рюмке
                          коньяк.
        Рисуем направление кокаином.
                Две дорожки, – уже в пути.
        Одна в подарок, в
                      полет.

БАБОЧКА

Крыльям бабочки,
               выколотым на спине
и предплечьях,
                     уже не удержать вес

тела,
     висящего на ремне.

Глазам не передать
                           радости,
       языку не прощелкать

недовольство.
И руки уже почти не дрожат
                     в задних карманах,
над расслабленными
                    ягодицами.

Время пришло возвращаться
           в кокон.

* * *

Ты ночью зарой желанье
   на перекрестке мандалы.

Утром найдешь
  без ключа,
    замок.

А без ключа
  и день дырою
    той, что в стене
  жизни
  из кривых зеркал, глазок.

* * *

В мире не хватит слов,
        чтобы наполнить ими
                воздух на
В
Д
О
Х
Е
.

И не всегда хватит воздуха
                        на
В
Ы
Д
О
Х
Е
,
когда есть,
        что сказать.

Произнесла старая рыба,
        выброшенная волной
                на
            берег.

* * *

Слащаво сентиментален
       От феерии до мистерии
от яйца до петуха круговоротом
         от Алеф до Сав
             приближением.

Время торопится вспять,
       особенно когда не спится.
Слепые овцы блеют в унисон
       если успевают
            родиться.

Кто-то зовет это сном
       для меня это перерождение
и «Силь ву пле» сказал мне азиат,
       когда остановилось
            движение.

* * *

Восемнадцать лет,
      кольцо – чека, патрон в стволе.
          двадцать два, двадцать три, –
              и тишина в ошметки.

Маршируй – беги,
      грязь сапогом – слогом меси,
        да дыру в носке
          кожей стёртой штопай.

Кисть руки – штыком
      прикладом – лицо,
        неужели детство
              кончилось?

Километры дни,
      километры рвы.
          Пулемётом минуты
              считая.

А кругом грязь,
      да кровь
            кому крик,
            кому смех.
Там где был человек,
      теперь рваный мешок
            из кишок.
      Ну, а там где нет –
         значит
             будет.

Плоть – свинец – чернозем, –
    вектор падения неба,
        пальцем дырку
            в пробитом виске
                затыкая.

Если встанешь, –
    дойдешь,
        собрав жизнь кулаком.
            Если нет, –
                то передай
                    привет
и попроси, чтобы
        не торопились.

* * *

Днем бы воевали
        а ночью спали
или песни пели
        чай-водку пили.

Нас торопили
        да и мы торопились
мы с тобой почти уже
        как братья сроднились.

Вицли-Пуцли или
        как тебя еще там
            свои зовут –
Уицилопочтли.
        Звонили, но не дозвонились.

А потом наутро
        опять на смерть бились.
Я бы написал песню,
        да слов почти
        не осталось –
            все забылись.

Да и зачем
        ведь под слоем глины
как пальцы в кулаке –
        все как один
            сравнялись.

* * *

Охрипшая скрипка, гитара,
перетянутые гудком парома.
Пружиной сжимая воздух
между струнами терминала.

Загаром на складках кожи.
Обломки слов тишину крошат зубов
жерновами. Молитва скорлупе
яйца. Пустота зашитых карманов.

Я бы руки в брюки,
да передразнивать
чаек свистом. Зеленая вода
реки вонючей пеной режет

облаков небо. Ты стоишь
на балконе парома, трешься
щекой о встречный ветер. Забывая
город в душном мареве мыслей.

ИСТОРИЯ, ПОДСМОТРЕННАЯ В СПОРТЗАЛЕ

Кривая вдоха и выдоха – синусоида,
еще один шаг в никуда на беговой дорожке,
резонанс колебания времени в сердце тороида,
рецепт жареной курицы на пульсометре.

Проела плесень душу Нарцисса
перед зеркалом играя мышцами ягодицы,
необращая внимание на ее упругие элементы,
он смотрит на себя, а она плюёт ему в ужин.

Не слабаки силой, но слабы духом,
заедая ревность тестостероном и протеином,
вектор – вертикаль их унылой рутины.
Я ухожу, но знаю, что продолжение будет.

* * *

Две руки, – не разлей вода
           лепят мавзолей из песка.
Рыбу дохлую я в него положу,
           чтобы смрадом ее наполнять
                      тишину.

И потянется к нему весь честной народ, –
           посмотреть как она с головы гниет.
А над ним памятник из грязи стоит
           и вокруг народ водит
                      хоровод.

РЕТРО-МЕЛАНХОЛИЧНЫЙ КИНОЭТЮД

Стоять, считая капли дождя на стекле окна, как в черно – белом кино, зажав сигарету между средним и указательным пальцами. На одном еще виден продавленный след от карандаша, на другом, – заусенец из мертвой кожи. На заднем плане проигрыватель будет играть, кого-то из бардов, а
может радио передавать, –
прогноз погоды.

И время будет идти вперед, смешивая с пылью минуты. А ты все будешь стоять и курить у окна, а за окном будет идти дождь или еще какой-то каприз природы. Пока не закончится
пленка в рулоне.

* * *

Дисбаланс андреналина и мелатонина.
  Хождение по кругу парами
в Северо-Западом направлении.
  Она хотела корону из жемчуга,
а он подарил ей горшок с геранью.

Жили были, но не дожили,
  видно не досчитали кошек в виртуале.
Рисовали воздух, но получилось
  как на пожаре, – все горело огнем
и деревья громко кричали.

Жарко в городе во второй половине
  лета. Плавится в мышцах асфальт,
и слышен плач немого циферблата.
  Пока он искал Нирвану в нервах метрополитена,
она нашла покой в метафоре гексогена.

* * *

Сезон кокса и поломанных
       зонтиков.
              Стоим
        тихо, качаясь в такт
        движению
            облаков. Мечтаем
о Ривьере и
      покорении Марса,
          хотя не можем прыгнуть
        выше своего пупка.
                Мечтаем.

Проще
      выпить пива, сидя на
         скамейке на берегу Гудзона.
              Медитируем
       на том как взлетают
        и садятся вертолеты
      на фоне воды и
         неба.

* * *

Спасибо мягкотелым червям из далекого
      Кембрийского периода за
      чудо протоскелета.
За пиво с раками и стрельбу
      из газового пистолета.

За крик души, заключенной в Шеоле.
За докторскую колбасу
      и катехезис птицы в неволе.
За диалектику Маркса,
что катком расправляет
      интеллекта морщины.

За независимость женщины
      от пористой кости мужчины.
За Пепси Колу, носки
      и грязелеченье.
За здоровый дух в силиконовом
      теле;
За боль, и за роды.

И за воздух бесплатный
      забытой Свободы.

* * *

Мы так и не научились
        смотреть в глаза другим,
не оставляя отпечатка
        на их роговицах.

Камни сжимать в кулаках,
        да прятать улыбку в карманах
чужих на обвисших
        ягодицах – щеках.

Хранить сердца в иглах
        рукавиц. Дышать озоном.
Пускать поезда под откос,
        закусывая батоном.

Смотреть на звезды через
        холод гранненых стаканов.
Судя по всему, наступил день
        влюбленных истуканов.

(ДЕНЬ БОЛЬШОГО ЗАТМЕНИЯ)

С точки зрения птицы
        сидящей на ветке
                мифология Конца Времен
                      или Конца Света
            не так уж и страшна
                с учетом наклона
                      орбиты планеты
                        по отношению
                к тем кто не имеет
                партбилета но
            запрещает ношение
    рогов и
пистолетов.

А пока Симург
        на высокой скале
            не закончил царапать
                свои скрижали
                    то для птиц
                даже апологеты
                    здорового
            образа жизни
            и потепления планеты
              являются потенциальной
        целью для облегчения
совести и желудка.

Вот такая вот забавная штука.

* * *

На платформе Седьмого, –
                                   тихо.
На платформе Седьмого, –
                       без изменений.
На платформе Седьмого, –
               бомж в красной
                           куртке,
спит на скамейке
            в скрюченной
                       позе.

На платформе Седьмого, –
                            пусто.
На платформе Седьмого, –
                      остановилось время.
На платформе Седьмого, -
                 женщина – робот
                               сухо
          объявляет погоду.

На платформе Седьмого, –
            не чувствуешь
                    боли.
На платформе Седьмого, –
            не видно неба.
На платформе Седьмого, –
            разрешается
                        ждать
                                молча.

На платформу Седьмого, –
          никогда не приходит
                       поезд.

* * *

Неудачная рифма –
На последнем
 слоге ударение. Деревянный гвоздь
никак не входит в крышку гроба.
 «Одно ведет к одному, а потом, ни к чему», –
видно я слабо бью или невезение.
 Пару строк в слух. За тем

      П
      О
      Г
      Р
      У
      Ж
      Е
      Н
      И
      Е.

* * *

Земля возьмет все как есть, а – что – надо исправит.

Ты писал для всех,
но пришли провожать лишь те двое.
    Я тут бываю, иногда, но ещё не встречал
              поэтов.
Да, уже все, почти. Вот дочитаем стихи.
    Нет, не мои, не твои, –
                  Другого.

* * *

От перемены мест слагаемых
          счастья особенно не прибавится
даже если обменять коня на ферзя
          а костет на паяльную
                              лампу.

Когда болит голова, то кто-то обязательно
          ударит в живот кулаком
или в челюсть сапогом
          под аплодисменты
                              товарищей.

Эклектика дна и дня, симметрия
          вяленой рыбы на мятой газете...
А я пью чай и жду вчерашнего дня
          пока не подали
                              пива.

* * *

песчинкой лежать
на пересечении воды-и-пляжа
на небо через кулак
облака в отражении глаза
не пересчитать
совсем-забыть
или срезать лезвием ножа
или как заусенец бритвой
бритвой-как-маслу
править змеей
змеей лезть из кожи
из дней наизнанку
медленно не торопясь
наизнанку кожи
потому что
рожей не вышел
а хотел на картинку
в космонавты
а попал
в медузы

МЕЛКИЕ БЫТОВЫЕ ПРОСТУПКИ

Яичные лотки
      зубные щетки
           одноразовые перчатки
                и латекс кожи.

Музыкальные презервативы
      и хором поющие открытки
           формула грязного подгузника
                число Пи и постоянная Планка.
                      Ей нравится сосед его кенарю ее
                      киска.

Кухонные шкафы
      пожарные лестницы
           тумбы
                тромбоны
                    туалетные   оркестры
           оперетты в вагоне.

Наш лифт не делает
      остановок в Чистилище
           новые революции –
                старые режимы
                      те же товарищи но уже немного
мертвые.

Тараканы
бурундуки
мышиный помет
поролон
стекло-вата
средство для мытья посуды
со вкусом мяты.

Я тебя люблю
    а ты меня не любишь.
        Мои старый резиновый утенок
            совсем покрылся плесенью
                и стонет.

Тонет.

* * *

Я дал ей все основания полагать, что вино, которое она пила, всего лишь простое вино, и нет необходимости себе лгать или напиваться. И я знал, что это была любовь, потому что логика потеряла смысл, а сердце хотело музыку
и дурацких цветных ленточек.

И любовь была.
Пока к нам в терминале не подошла одна женщина и продала ей несколько религиозных книг подозрительного содержания «пять по цене одной».

* * *

Система отсчета –
        ракета летит по прямой
траектория полета
        пересекается со мной.

Я лежу на диване молча
        слежу за ходом минут на стене
предчувствие апокалипса –
        и соседка в соседнем окне.

Пока время течет как обычно,
        головой об лед или рожей в салат
да, мы так привыкли
        два шага вперед и ни шагу назад.

* * *

Еще не закончилось
                    вчера,
но завтра по цвету уже напоминает
                                  сегодня.
Видно художник
          плохо вымыл кисти,
                    палитру.

Солнце в лужах испаряется
        быстро. Особенно под
                колесами вечноспешащих
                        автомобилей.
Ноги –
      велосипеды не в счет,
                забыли.
Руки, – не крылья. За воздух
        держаться не могут, даже
     если махать, пятерню
          растопырив на
                    каждой.
Маши-не-маши, а выше пупа
      не прыгнешь, разве если только
    с крыши. Да и лужи без солнца цвета усталой
      пыли.

* * *

одним слогом мысли
   пулеметной лентой слова
         уложены
выстреливаются в четком
   порядке-и-односложно

азбукой морзе или флажками
   на полосе взлетной
         лучше взлетать
   чем падать бомбой

лакмусовой бумагой
   измерять кислотность
         слюны
   смешанной с щелочью
         крови
впрягать осла и быка
   в одни сани где уже
        уложено
          тело
припадать губами к
   ленте кардиограммы
      да связывать руки
        бинтом из розового
          сатина

* * *

Гадание на калейдоскопе
        в одни руки.
Осколки надежды, вперемешку
        с осколками скуки.

Инь и Янь принимают
        причудливые формы.
Какие-то не живые, часто
        с запахом хлороформа.

Солнце-переменная-
        облачность-осадки.
Билет в направлении
        ни туда, ни обратно.

Кулаком в грудь,
        да поцелуем взасос.
Вам милосердие в килограммах
        или в барбитуратах?

Осколки надежды, вперемешку
        с осколками скуки.
Золотой песок из часов
        в случайные руки.

НАВЕЯНО ПЕСНЕЙ НИКА ДРЭЙКА «ТРИ ЧАСА»

трех часов не хватило
        спасти тишину
в холодном бетоне
        приложив щеку
простить все обеты
        высыпать в море песок
сжать в кулаке совесть
        спрятать за веной висок

соль зудит в коже ладони
        линии жизни сбились с пути
не нашел хозяина
        не найдешь и слуги
жизнь от смуты до смуты
        заржавели весы
зачем нужны минуты
        когда не считаешь часы.

* * *

первичный суп выплеснулся
                       наверное перекипел
                       долго болел
грех первобытный
                       падение вверх
                       какой вверх
если верха нет
                       есть только линия
                       на ладони пунктиром
вытатуированная
                       без направления
                       которая никогда
не пересечется
                       ни сама с собой
                       ни с линией жизни
разве что
                       петлей захлестнется
                       у нарисованного
человечка
                       над неугаданным
                                         словом

* * *

Открывая рот, мычать, издавая
пустые звуки. Оставляя место для
заполнителей слов, которых еще
никто не придумал. Молчать

симулякрами воспоминаний. Лелеять
грусть в банке из под марганцовки
для дезинфекции потока своих
мыслей. Облобызать чужой локоть

ибо свой не достать ни языком,
ни глазом. Рыбак, рыбака видит
издалека, потому что ловит
на крючок, живца-мертвеца.

На крючок.

* * *

Еще неделей день по
спирали затянут тугим
заводом, а там, еще виток
может лопнуть пружина

года. Мусолить слова
пока из них не посыпятся
буквы под ноги. Во рту
пересохло, потрескались

губы. Целлофан, вместо
ретины. Какая разница
все равно все цвета
в белом. В белом саване стоит

неизбежность, сука.
Одной песни лебедь
семь нот, потом одно
повторение. Скука!

* * *

Облака с небес на обои
сорваны, голова туманом,
сердце-псом некормленным.

Сны на хлебный мякиш выменяны-
пережеваны да подушки
вокруг лежат брюхом
                вспоротым.

Собрал бы осколки стекла –
                разноцветные
понаделал бы из них воспоминаний
разных да набил бы ими
                наволочки.

Ведь все перья ушли на
                крылья белые
                        для Икара нового.

* * *

а что если
стать совсем полым
                    внутри
и только эхом
                    голым
дразнить эго и того другого
который мешает быть

а за тем выпить
                    чай
или
                    вино
     наполнив
            пустоту вновь
                  уже правильным словом

* * *

Ни дня без новостей и смены масти,
        как патрон за патроном
в стволе очередей
                деепричастий.

Воспаленный Блицкриг
        вздувается венами
на тыльной стороне
              ладоней.

За окном висит электрическая
луна, на запотевшем зеркале
                взгляд
забытым словом.

Она – говорит – нет – он – говорит – да,
    а дальше,
           как поезда на
                  перегоне.

Поболит и пройдет,
      хотя,
             позже напомнит.
Вороньим глазом
      зрачком к зрачку, –
            к краю,
                не придвигаясь.

* * *

порой проведешь билет через турникет на входе
пару шагов – эскалатор вглубь или ввысь куда
сегодня тебя уносит остановить вращение луны
методом проб и ошибок или маршировать на месте
между трупами листьев на земле чтобы не замочить
ноги уйти в себя не выходя из позы искать здравый
смысл на страницах газет за двадцать пять центов
или взрыв суперновой но с другой стороны все и
так суета-сует как мне напомнил один странный
прохожий выходя через турникет

* * *

подавился вопросом
        застрявшим в пересохшем горле
а может боялся спросить –
        не хотел услышать ответа

ведь в каждом вопросе
        уже скрыты три четверти ответа
а под ногами хрустят осколки правды
        завернутые в газету

как когда-то осколки стакана
        разбитого тобой жарким вечером
бабьего лета а во вспотевших
        кулаках зажаты немые флажолеты

осыпавшиеся со струн гитары
        забытого поэта
который знал всю правду
        но не сказал об этом

* * *

Можно сидеть молча с одной стороны окна с ничего не выражающей физиономией и следить за прохождением пищи вниз по пищеводу. Бежать скороходом – с другой, обгоняя жизнь и дорогу по краю между землей, каким-то небом
и перроном. А пока я в метро сижу и слежу за полуживой мухой застрявшей между стёкол окна вагона.

* * *

сила притяжения
      теряет зависимость
при связывании несвязуемого
      взаимными намерениями

пункта А с пунктом Б
      дорогой из жёлтого кирпича
букетом нейронов в петлице
      строевым шагом

левого с правым
      набором отборных ругательств
согласия с несогласием
      вялотекущим маразмом

при разрыве цепи
      высвобождается много энергии
запаситесь терпением
      и запасными штанами

* * *

Серый голубь раскрытого неба,
        изометрия города
                      бетон и стекло.
В два направления
        крутятся шины
бытовым одиночеством
                воет   метро.
Эфемерным дождём
        утекло
            наслаждение
через ржавые
        трубы вен в
                забытьё.
На светофоре – лиц
        безразличие,
а за лицами
        однообразное
                бытиё.
Пронеси меня, обыкновенная,
через пустые
        колодцы зрачков
            между
                век,
и убеди меня,
        незабвенно,
            что не комком
        протеинов рождён
                человек.

* * *

и каждую ночь мы ложились
в кровать изнемогая от
кратковременности
забывали слова
дразня наготу бесстыжести
заменяли междометия
непосредственностью
а стыд – осмыслением
а по утру
изобретали опять
слова легкомыслия
мы лишь хотели избежать
прозрачность
откровенности

* * *

специалисты управления
самотеком
поднимаются на крыши
и антеннами небо щекочут
поправляют крылья и
галстук вертикально –
точно по расчету
смачно плюют разом
на головы прохожим
не успел раскрыть зонт –
не-пеняй-на-рожу
самолётами из газетных страниц
создают новостные сенсации
скукой просроченных мизансцен
политические акции
рыба не так велика в пруду
как мы её снаружи видим
боль не так страшна
если не фантомом
они бы ещё палили по воробьям
из тоскующей гаубицы
да порох уже заплесневел
в их пороховнице

* * *

головой – чугуном
    стену ломай
        кирпич – дроби
      дроби цифры
        номера на единицы и нули
    на осколки серебра
    на осколки стекла
треугольники блестят
    краем угла
    краем угла
      прямо в бровь
        а бровь в кровь
теперь болью кричит
    каплет прямо на стекло
    так что уже
    не видно лица
      молодца
    никого – ничего
        только черным – черно
    да сажа бела
      даже у чугуна
не кричи
    все равно не пробьешь
лучше уходи
    да чаю попей

* * *

новое поколение шоколадных гопников
      и мармеладных полицейских
           реальная политика для паралитиков
ипохондрикам –
        искупление
аномальные алкоголики
бои без правил
      анаболики трёхлетней выдержки
        в ампулах из свинца и канифоли
на день рождения - новый   противогаз
на глаза из кожи наклейки –
        поминки
мы бы могли прорваться вперёд
     но сели
           батарейки
эстетика амфетамина
      союз
          угла и зуба
бижутерия фальши
    извлечение самого
          себя
              из куба

ПОЧТИ ТАНКА – ХАСИДСКАЯ

зачем человеку имя
когда он сидит один
всеми забыт
и никому не нужен?
нужен ли он себе самому
если ещё выключить свет
и не дать зажечь
с
в
е
ч
у
?

ПОЧТИ ТАНКА

смотреть на дождь
через прямоугольник окна
души ликование
другое дело когда ты
с другой стороны окна

ПОЧТИ ТАНКА – ФИЛОСОФСКАЯ

сгорая
        фитиль
                и масло
порождают свет
                и умирают
превращаясь в
        пепел
                и копоть

* * *

воздух со вдохом вошёл
воздух с выдохом вышел
но ты уже не тот
кем ты был до этого вдоха
впрочем как и она или он
они тоже были другими
а теперь следующий
                         вдох – и – выдох
и так продолжается
до конца дней
                         вдох – и – выдох
                             вздох
                         вздох – и – выдох
и не остановить момент
чтобы перевести
                     дыхание

ОКНО

на моё окно через улицу
смотрит другое окно
за ним женщина
я не вижу её лица
она застилает постель
складывает полотенца

это номер в гостинице
и она работает в нем
и пока она убирает
стены забывают все то
что они видели
и слышали до этого

нагота дверного проема
уже опять готова
принять новых гостей
а женщине все равно
она уберёт в этом номере
а потом ещё в других
и уйдёт домой
туда где стены окна-и-двери
помнят её и ждут

когда окно перестаёт
смотреть на меня
я возвращаюсь к работе
и мне становится безразлично
о том, что там будет
происходить дальше

* * *

иногда
      кажется что время перестало
                              идти
          то ли ему просто надоело
                            тикать
и тогда больше не хочется
      быть кем-то или быть для кого-то
                       и ни
                          курить
                     ни
                        выпить

* * *

хочется просто
     стать ещё одним
                   лицом в вагоне
метро или ночным
           окном в
                  дешёвом
     мотеле
      давно забытой
           мыслью в чьей то
                голове
или смехом в чужом
            веселье

или рассыпаться на
     буквы из
         газетных
              строк да так чтобы не
  расшифровал
          сам
              Бог

* * *

Фитиль одевает пламя, как одевает душа тело, и горит Свеча в ночи; и тело обнимает тело. А небо спрятав взгляд за плотным плюшем темноты, лишь к утру покрылось румяной красотой стыда. Фитиль потух осталось – тело, земли коснулась нагота. И была ночь, и было утро, и предчувствие беды.

* * *

Пренебрежение окурка
   точка в конце
      разговора.
Молчание тела –   протест.
Скулы в кулак –
     риторика вопроса.
Направление мысли –
      плевок.
Сердцем вразрез – твоя
    оборона
      шаг влево,
      шаг вправо,
      хук
      апперкот.
Ты уже исписал
    на стихи
      папиросы,
  на прозу остался один
      косячек.

Раз – два – три, аты – баты
   с артритом в колене
      далеко не уйдёшь.
       Обнажённая грудь
как
  диалектика   спроса.
Sic transit gloria mundi,
   а караваны идут
      на Восток.

* * *

Гипотоламус или гиперболоид,
     на худой конец –
                компот.
Парадигма случайной мысли,
     в рифме или наоборот.

Те же лица, марают сетчатку
                глаза.
Бомбоубежище – кухня,
     чай без сахара,
              водопровод.
Лекарство от времени, банка,
     крик мандрагоры
на два года
     вперёд.
На спирту всё то, что горит и
пьется.
     На бегу всё, что
         живёт. Первичный
                суп
на плите остывает,
     и на тарелке
         спит
              бутерброд.

* * *

Рудиментарные люди
в очереди за смыслом
молча к друг другу жмутся
теряя радость. Мысли –

желания на тупой стороне
ножа ищут глаза. Бессмыслия
уколы. Сознание с вырваным
языком ноет. Взгляда двумыслие

искал. Tete-a-tete украдкой
в пустоте лиц. В обвислых
губах, лишенных. Поцелуев
забытых легкомыслий.

* * *

Утро в вагоне метро –
        сакральная банальность разговора.
Она прячет в экране лицо,
        он заворачивает эго в газету.

Поезд движется вперед, в воздухе
        миксология запаха и безразличия.
Кто-то стоит, кто-то сидит, а кто-то
        стоит на двери облокотившись.
Напротив меня полулежит бомж
        он храпит и не сильно воняет.
            И божество повседневности
        воплотилось в нем, и оно отдыхает.

ПТИЦА

У каждого человека
есть своя птица
у Буковского она скорбит
у Григорьева она «в клетке»
у кого-то она в груди,
а у меня в диване.

Я даю ей улететь,
но она не улетает.
Видно мой лишний вес
не даёт ей взлететь
или – нежелание.

По вечерам, я подсыпаю
ей в блюдце зерно,
а когда все засыпают
мы вместе сидим и пьём,
я обычно – вино,
а она – то, что я проливаю.

Мы говорим с ней о том,
о сём, и о чём
не сказать стихами.
Иногда по душам, иногда
ни о чём. Так, – пока
я не засыпаю.

И в моем сне плачет она
и я с ней роняю слёзы.
Хотя, об этом точно, не знаю я,
но и вы не узнаете тоже.

* * *

ночь – день
не вернуть назад
ни воробья
ни слова
ни звука.

звон
вентилятор – вера
сон в унисон
одна шестидесятая от смерти –
минута.

розовый слон?
нет, не придет,
не сезон
холодный вагон
холодный кофе
и в душе смута.

параллели
сложатся в диагонали
века в рулон
пять измерений
мира –
не шутка.

* * *

я заглянул в твои глаза
и сразу утонул
в их вязкой темноте
которую так легко ты
соткала из пустоты
моих просроченных
желаний

и чтобы разорвать
ту темноту я сразу же
зажёг свечу потом
ещё одну свечу
потом ещё и так я жёг
всю ночь
пока не наступило утро

а с утра
пропахла копотью заря
и небо крылось сажей
и слез солёная роса
осой зудила в обоженных
пальцах.

ЗАПАД-ВОСТОК
(БИТНИКОВСКОЕ)

Запад-Восток
        из тени в свет
из лени
в день
с Ферлингетти зажатым в руке
        или под мышкой Пиншон
не Сан-Франциско
              Нью-Йорк
там где ночью
        играет джаз
             а утром спит бомж
там где ещё не осел дым сигарет
и Бруклинский мост
        один –
            плюс –
                один
помнит меняющийся
              горизонт
Запад-Восток
        люди идут
            люди живут
самолётами небо дырявят
              Запад-Восток
        и тот саксофон
            что не вступил
на синкопе
        споткнулся
пропустил такт
        солнце в зенит
            играет с собой
              отражаясь в экранах
окон

остановись-не-можешь
и я не могу
      и я жду
           и мы ждём
    когда опять

* * *

наступит ночь.
вектор карандаша
плоскость листа бумаги
точка опоры – перевернуть землю
но грифель ломаю

геометрия – Архимеду
Менделееву – водка
не выравнять того что уже
не пересечется

проделал в бумаге дырку
приложил ее к глазу
голова – камера Обскура
в голове фестиваль маразма.

* * *

очередной рубеж пройден
от поворота головы назад
занемела шея
семиотика снов
отмирание слов
и буквы лишь немое
бессмыслие знаков

иногда ты молчишь
порой молчу я
уткнув нос в инкунабулу
в поисках смысла
не говори «ничего уже нет»
не говори «никогда»
это всего лишь грёзы
лишенные мыслей.

* * *

асфальт,
      Парк Авеню
сухая листва,
     окурки,
мировоззрение –
      мигрень
жидкий свет фонаря

вход в
     метро
«мне бы рюмку чего-то сейчас»
     металлический
              голос
                     в эфире
а направление –
      любовь

Юнион сквер – те же
            голуби,
может ещё серее
     галстуки на бок,
           стук каблуков

мы когда-то гуляли
     с тобой тут,
         дорогая
но этот
     асфальт
не запомнил
        шагов.

ЗАМЕТКИ НА ЖИРНОЙ САЛФЕТКЕ

глотатель огня
залпом глотал огонь
голодной глоткой
пока я с аппетитом
ел свой бутерброд
с селёдкой.

СИНЯЯ ПТИЦА, ЧАРЛЬЗ БУКОВСКИЙ

синяя птица живет в моем сердце
и хочет выйти наружу,
но я слишком крут для нее,
я говорю ей, оставайся там, я не дам
никому увидеть
тебя.
синяя птица живет в моем сердце
и хочет выйти наружу,
но я топлю её в виски, удушаю
сигаретным дымом
и все шлюхи и бармены
и продавцы в продуктовых лавках
даже не знают,
что она
у меня там внутри.

синяя птица живет в моем сердце
и хочет выйти наружу,
но я слишком крут для нее,
я говорю ей,
сиди спокойно, ты хочешь все
усложнить?
ты хочешь, испоганить мои
труды?
ты хочешь довести до краха продажи
моих книг в Европе?
синяя птица живет в моем сердце
и хочет выйти наружу,
но я очень умен, я выпускаю её
иногда по ночам,
когда все уже спят.

я говорю, я знаю, что ты там
так, что не печалься.
затем я кладу её обратно,
и она немножко
там поёт, я не довожу её до
смерти
и мы идём спать так вместе
соблюдая секретный договор
и это достаточно мило
выдавить из мужчины
слёзы, но я не
плачу, а
ты?

* * *

пуговицы застегнутые по прямой
от ширинки все кроме верхней
в кармане жгут повязка –
лезвие бритвы – шнурок
на спине сумка – гардероб

на ногах туго завязанные ботинки
не панк, вернее уже не панк
но одет по форме –
в униформе на плече потёртый берет
Иерусалим конца девяностых –
точно не помню
лето – асфальт перегрет

из дома туда где меня
не особо ждут
– что тут юлить!
не рады увидеть
бегом – шагом
до остановки автобуса
автомат холодным металлом
колотит спину

лица – автобус
мы улыбнулись друг другу
она ещё школьница
но уже знает толк
в военной форме

конечная остановка
ещё один автобус – на Север
три часа по дороге из жёлтого
солнечного луча
до заката дня

там караван
патрон в стволе
собака на высунутом языке
запах дизеля и мазута
танк – грузовики – бронетраспортер
мост через
холодную воду Литани
тишина крепости крестоносцев
псалмы в голове
работаем, «рабботай»[1] – ребята

так бывало когда-то…
---

1) рабботай – (иврит) господа

* * *

полугений – полубог
        полупушкин - только предлог
                без поллитры
на Фудзияме никак не прожить
        изжогу цунами никак не залить

полураскольников – полуманьяк
            Лаокоон в лапше Доширак
полуправда на пол экрана ТВ
        а в полудреме забыт полубрат

полуразбавленный эликсир
            половина пива половина вина
пол куба в вену – остальное война
        полуголый оскал – потом слепота

солнечный полдень – полутона
        пол жизни за царство
до наступления Судного Дня
        пол билета на Марс –
            пол на Иерусалим
две половины не два
                а один.

СЛОВА

Порой, я сам не понимаю
причины зачем
я написал эти слова.

Я смотрю на них вновь и вновь,
а они в ответ – на меня.

Я говорю им откуда, зачем
вы взялись,
а они лишь смеются в ответ;
и говорят мне – не злись, –
значит этого хочет душа.

Видно ей нужно, что-то сказать,
а ты говоришь ей – нет,
как всегда.

И тогда я вздыхаю,
и продолжаю складывать
буквы в слова.

Хотя на самом деле –
слова лишь пишут меня.

ПЕСНЯ СПАРИВАЮЩИХСЯ БАБОЧЕК

прислушайся к колебанию звуковых узоров которые создает шоссе на закате шоссе между Атлантическим и Тихим океанами что поет тайную песню магнитных волн и Северного Сияния тайную песню бабочек спаривающихся на лугах Северной Дакоты слейся с вибрацией распахни грудную клетку (ведь она лишь только клетка) и выпусти всех бабочек на свободу на луга Северной Дакоты.

ЭТЮД НОМЕР ПЯТЬ

я шёл по плотным облакам
не боясь упасть
в
н
и
з

всего один неосторожный шаг
и я превращусь в
д
о
ж
д
ь

и прольюсь
и капли меня
      будут стекать по
           окну
за которым ты будешь стоять

и я смогу увидеть
      тебя

ещё
      один
           раз

СЕЗОННОЕ

как паром пришвартовывается
к причалу
на рубеже трех серых стихий
воды, земли и пасмурного
неба
громким скрипом – криком
при ударе борта о деревянные сваи
стуком колёс локомотива
на холодном перроне
и руганью по телефону сварливой
тётки в вагоне

жизнь и смерть
в одном мгновении
я достаю из коробки
из дешевого картона
предварительно
отрезав ленты пуповины
праздничного сезона

* * *

бытовая считалочка
кто смеётся
кто кричит
кто дерётся
кто кряхтит
кто-то плачет под столом
кто-то в стену бьёт мячом
кто залез на холодильник
и оттуда дразнит маму
кто устраивает драму
кто-то пролил молоко
кто на голову ведро –
в рыцаря играет
кто кота за хвост тягает
кто-то вечно все теряет
кто-то пролил борщ на брюхо
кто-то громко крикнул в ухо
кто-то плохо вытер попу
кто домашнюю работу
    вроде где-то потерял
        только папа на диване
           отрешённо пиво пьёт
раз – два – три –
    четыре – пять
        начинаем счёт
           опять

* * *

ветер, –
головной болью
рисует облаками,
небо – лишь фон
для всего остального:
дерева,
дома,
тебя,
и того – другого,
что пролил краски
на ветер.

ПРЕДНОВОГОДНЕЕ

Монолог сливного бачка –
бессмысленность откровения,
объявить себя мессией не смог –
много пафоса и отсутствие мнения.

Все то, что предрешено
уже не выпадет счастливым билетом,
собирая гербарий всего, что грешно,
отпечатками снов на газете.

Кто-то всплакнет – еще год
прошел односложным предложением,
всплакнет и тихо уснёт
с очередной надеждой на перерождение.

* * *

система свой – чужой
даёт сбой, порой,
там песок – тут вода,
там пустыня – тут дома-города,
тут Валаам с ослицей,
там Яков и сыновья.

Много слов хочется сказать,
но забыл как играть роль,
стоя в пробке на Сорок Второй
и Седьмой.
Иосиф без братьев и без снов,
рядом Бродвей
и поезда метро.
Семь лет ешь и пей в радость –
семь лет болей.

Там горы и тишина,
тут Бог
и там тоже Бог
– а слышней или видней?
Только для тех,
кто захотел принять
все как
есть.

* * *

Слова – шрапнелью,
ломая зубы,
разрывая рот и губы,
не сидится им тихо –
наружу рвутся.

Видно, сердце
сильно давит,
видно, тесно
им в глотке,
обгоняя мысли,
пьянее чем после
бутылки водки.

Не сдержать мне их –
языком,
не придушить –
нёбом
заткнул пальцами уши
сейчас рванет

– слушай!

* * *

эллегия на простынях
страх и радость
под любящий взгляд
видеорегистратора

оригами сердца
кардиограмма ночей
от тридцати двух до
четырёхсот пятидесяти одного
Фаренгейта

роза в губах
семиотика невинности
увядших лепестков
неуспевших познать
прикосновение

дотронуться до сиропа
небес да так,
чтобы не прилипнуть –
рождение

рот ослицы
пророчество детей и дураков
некроз –
чудо творения

нарочно спутанный
набор инсинуаций
которым мы так часто
склонны поклоняться

* * *

и часто превращаем
в стержень космологии
которую лелеем ежедневно
с завидным упорством

и уродством духа
защищая называем
истинною то, что
на самом деле лишь

поводок – удавка
насмешка отраженная в
стакане
мертвый стул
и мутный взгляд окна
на нашем обнаженном
теле

а пока…

* * *

человек – собранный из слов
из обрывков фраз
из обломков букв
из черноты зрачка
и из кожи, что помнит
прикосновение губ

из запаха на рукаве
из пустоты минут
из тишины, что заполняет
ночную постель
и из сна, что тянет
в бездонную глубь

человек из слов
человек из снов
плоть и кровь
человек – любовь

и если есть
воздух и огонь
то всегда есть
прах и вода.

* * *

а если не ставить вопрос
           ни ладонью
                  ни ребром
не играть в кошки –
           мышки с огнём
не жалить шмелём
           дышать через нос
                  не открывая глаза
Ниродхи –
         Нирвана –
Святая пустота

иерусалимский синдром –
           сначала было
                темно
                     как
                           днем
потом один свет
          но через него тоже не видно
                         ни зги
но ты не ропщи –
          это не сон
              это дни
а ты скормил все страницы
                       огню

где похоронены пустые слова
           там минуты теряют часы
                    Polly wants cracker
а чего хочешь ты?

* * *

Все те, кто стояли рядом,
когда я был драмой внутри
тебя. Мифическим червём,
что поедая свою плоть, не
брезговал твоей любовью.

Смогли забыть даже тебя,
да так, что Энди Уорхол
не мог создать тебя
из обрывков пестрых
многословий.

И тогда под трели пулемёта,
что заглушали на рассвете
соловьи, ты птицей Феникс
возродилась из помёта,
воцарившись на краю Земли.

А я, – ослабнув от порывов
самосозерцания, в надежде
превратиться в мотылька.
Был внезапно унёсен тобою
на корм птенцам. А те, –
всё стояли рядом…

* * *

обыденность меня и тебя
лаконичность страсти –
бесконечность забытья

– помнишь первый раз, когда ты был счастлив?
– тогда, когда нашёл убежище в камуфляже дня.

а дальше –
держать крепко друг друга
как стропа – парашют
асимптота прикосновения
сила сжатия губ

* * *

вагон метро
скамейка
кино – стук колёс
сдавленная тишина
темнота – света дыра –
опять темнота за окном
за окном время идёт
в никуда

сажа на стенах –
облезлый плакат
люди стоят
время – идёт
он ждёт ее
она ждёт себя
станция – переход
два пятьдесят –
вход

клоака тоннеля
затерянная земля
он и она
под землёй –
земля
зимой – сыро
летом – жара

я стою – еду – иду
двигаюсь по касательной
самого себя
путь известен
только кондуктору
что у руля
если он не врёт

а время идёт
только куда

* * *

ни фэйс,
  ни бук
    хтонический зов –
      фоновый стук

в две руки
    субдоминантовый
       квартсекстаккорд
         домино
   а кому-то дзюдо
      все равно

где политика
    где любовь
      мало смысла
     много пафосных слов

карликовый демиург
    потому что усох
      линия жизни
   хруст позвонков

страх одиночества
    альтер эго – блог
  тараканы в голове
    алгоритм или Бог

шёпот часов
    лицо – пустота
прикосновение под
    бесконечность совести дна

орбита желаний
        «Ночь Тяжелого Дня»
все что хотел сказать
промолчал
        наверно не смог
                проспал

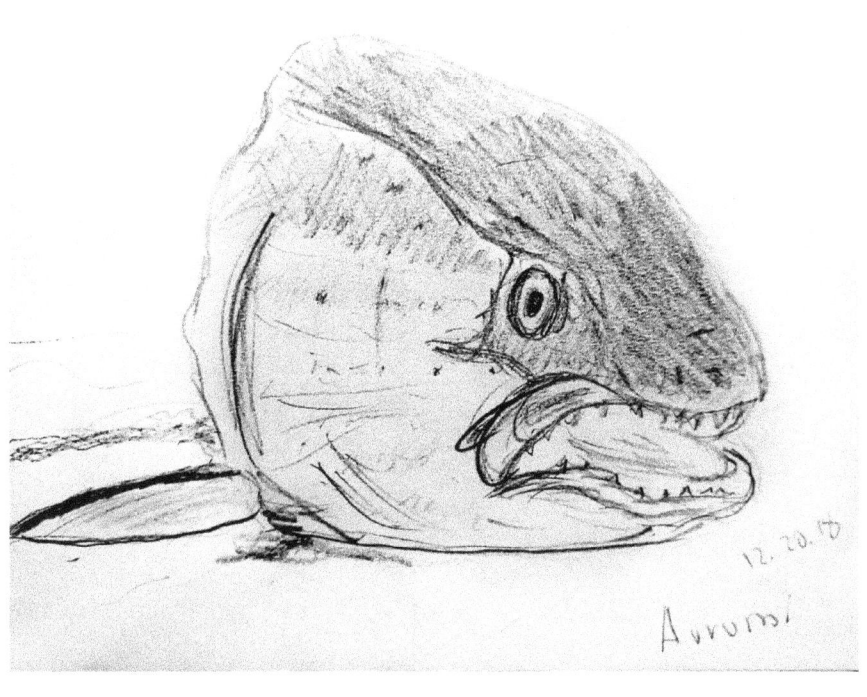

* * *

Реконструкция сна
неизбежность разговора
слова между строк
без поверхности
смысла и дна

прямота ног и длина пальцев
острота – груди, –
плоскость – живота
стремление к совершенству
холод губ – желание тепла

карта заблуждений на ладони
линия судьбы – синусоида греха
и если падать то
только ниже ватерлинии
семь раз упасть а на восьмой
уйти

* * *

терминал для людей
        терминал чтобы ждать
                стоять там, и ждать
                        со всеми

и сказал мне друг
            только там можно
      научиться стоять
научиться стоять и ждать
            как все –
затерявшись в толпе
              стоять
        стоять и ждать

и я его послушал

я – как все
            стою-и-жду
затерявшись в толпе

ничем
      не
            отличаясь

* * *

неприятная женщина
сидит рядом со мной на пароме
она громко кричит в телефон
коверкая слова и говорит
на странном жаргоне

я не понимаю о чем разговор
и о ком тоже
не то чтобы это очень важно
мне лишь не по себе от того
как она на меня смотрит

я открыл книгу и
пытаюсь читать
хотя на самом деле
я от неё лёгкую дрожь
в своём теле прячу

а она продолжает кричать
и ругать того –
будь он неладен
я лишь хочу задремать
но все больше теряю себя
в этой буффонаде

я знаю если закрою глаза
то она украдёт мою душу
она сама смерть я узнал её
по хромоте на обе ноги
и воздуху что вдруг стал
суше

а когда я уснул она
так и украла мою душу
вызвала Uber – и того
а потом я проснулся
но уже не в своём
теле

* * *

интроспектива – снятие
штукатурки со стен
слой – света – слой – теней
информация дня единиц
и нулей
если вспомнишь
ну а если нет
фреску минутами – в – темперу
нанесешь
а в самом конце белым
покроешь

* * *

Третья рюмка коньяка –
продолжение разговора
без начала и оглашения
приговора. Обманчивая

иллюзорность миров,
создаваемых слов столкновением.
Замещается обречённостью
снов, жертвоприношением

готовых фраз и эклектикой
наслаждения. Как карта ляжет,
говоришь, предрекая
неизбежность отчуждения, –

И появится дно бессмыслия
освобождения.

* * *

Время – Да.
Время – Нет.
Время идти босиком
             по остроконечности
                        дня.

Исполнять сальто-мортале
                      на бис,
не наступая на крыс,
        что чуда   ждут,
      как ты,
      и как я.

Собирай камни с утра,
        чтоб в темноте не искать.
              Хочешь, – бросай,
а хочешь, – глотай;
и если в омут, –
      то на самое дно.

(немое кино в предвкушении Судного Дня)

В принципе,
      Всё равно
           кто победит.

Всё равно, – Нет или да.

ПОУЧИТЕЛЬНОЕ СТИХОТВОРЕНИЕ О СОЦИАЛЬНОЙ НЕСПРАВЕДЛИВОСТИ

Кто ест обед на завтрак
а на полдник глотает ужин, –
тот никогда не поймёт
солдата, который никогда
никому не нужен.

Солдат ест из консервной
из банки, и порой спит
в луже, но если он
(солдат) идёт в атаку,
его желудок лужён.

В бою он расчётлив и
осторожен, стреляет
метко – бережёт патроны.
Потому, что смел и уверен –
враг будет обезоружен!

Пока ты на диване мягком
лежишь, в пустые думы
погружен. Он (солдат)
забыв о сне и еде, зло
из пулемёта утюжит.

Каждый раз, когда ты
суп севрюжий ко рту
подносишь, – вспомни
о том солдате, – а вдруг
он контужен!

* * *

где нибудь, – ни там –
ни тут, – где нибудь
не уснуть
рвался в Храм
вхлам да в голове бедлам
хотел исповедь
нашептать
но даже криком кричать –
никак

губы кусать, да так
чтобы сама смерть
за тонкую жердь,
из проруби вон
та, – что сводит мозги
от слепой любви
боль да вонь
да сердца огонь
да сердца Храм
схрон

АЛЕКСАНДРУ БАШЛАЧЕВУ

Если есть ещё свободное
место для слова,
чтобы оно вылетело,
да не нарвалось
на заткнутые уши ватой,
на сшитые суровой нитью
губы, а за ними зубы
схватом. Да так, что аж
челюсть сводит и разум.
пульсирует веной,
сколько минут осталось,
считая.

Если есть ещё свободное
место в сердце, между
рубцами миокарды,
что как кольца – годы
на срубе считают.
Я скажу вам, а вы собирайте
из слов песню, а лучше
молитву тайной.
А если молитва – песней
так спойте её, перед тем
как отсчёт закончить.
Перед тем, как полёт
начать.

О СОЦИАЛЬНОЙ НЕСПРАВЕДЛИВОСТИ НОМЕР 2

астронавт одинокий
      по Луне бродит
           тяжелыми сапогами
      белый песок трамбует

уже третий год
      он тут пребывает
           с миссией от института
      поселение готовит

он по пустыне ходит
      между скал на грани смерти
           он герой безымянный
      и по зеленой траве тоскует

каждый раз когда ты
      очередную рюмку в рот
           вливаешь вспомни астронавта
      выпей за него Ле хаим.

* * *

Ловец душ, объевшийся груш,
        читал газету на скамейке в саду.
        Не, заметив козу, что щипала траву недалеко от скамьи,
                задремал.

Пока он храпел, петух на
        заборе пропел в тринадцатый раз.
        Из кармана ловца, как на живца, выпал список
                душ.

Увидев тот лист, коза как
        лис, тихо подкралась к скамье. Языком
        сковырнув, она зажевала куш и в тот день никто не
                умирал.

* * *

глазами мутными
он смотрел на пустоту окна
и заливал он пустоту души
дешёвым вермутом
из мутного стакана

Марш под муторный
взгляд отцов. Танго
в терпеливых объятиях
подруг. Диалектика соли.

Мы шли, позабыв стихи,
не зная роли, не видя сны,
поклоняясь боли.

Отмеряя шагами –
дни, не считая часы,
поделив единицу на ноль
умножая весы юдоли.

А после себя, –
только пунктиром слова,
колючей проволокой трава,
да заборы.

Марш, как на убой;
каждый из нас первый – второй
левой – правой – косой
мы держим строй.

Мы держим строй.

* * *

Она прятала улыбку
за чернотой своих глаз.
Эмоции между паузами
слов. Я порой понимал
её, через синестезию
снов, и тем как она
целовала меня.

Она не строила замки
из воздуха или песка.
Не меняла холод
своих рук. Я мог
часами смотреть
на неё, а она часами
насквозь.

И все коты интернета
любили её, а мужчины
не могли найти нужных
слов. Она никогда не меняла
паролей и адресов,
пока остальные
искали себя.

* * *

Было много, но возвели
в нулевую степень –
одухотворение лжи
        убаюкивающее откровение
                              кассы
три гвоздя – прощение в массы
пластилин ожидания
а в умелых руках – сотворение
        иллюзии счастья.

Вначале было темно
        потом стали сушить спички
говорили хором
                опуская кавычки
считали до трех,
        забывая что нет
                              номера
        больше единицы
а сбившись с ритма
курили, –
        сила привычки.

Тушили огонь в душах,
        заливая трубы
                через терни́и –
и между зубов щели
        по слогам пели –
                намечали цели
с детства так и не
        научились стоять
на одной ноге,
                раскачивая
                          качели.

* * *

вечные вопросы
      сухими листьями
           шуршали
      на мёртвом асфальте –
п
а
л
и
      на них наступали
ноги
    из стали
и они рассыпаясь
           вздыхали
смешиваясь с грязью
у
м
и
р
а
л
и
      а мы стояли у колыбели
        и тихо пели не зная
что книги уже
      горели
чего
      мы ждали?

* * *

Умирать
      На пересечении
                    ветров
Не понимая слов
Из которых
      День ото
           дня
Всё строится вновь
      Нам остаётся
Страх – да – любовь
Да ладони в кулак
Потому что устали
      Копать вновь
Кулаки в кровь
          А руки – дрожат
      Сердце не сжать
И рожать
      рожать.

* * *

Через тысячу взмахов крыльев мотылька,
сменится картина мира. Не станет меня и тебя, и
наше место займут другие – ты и я
так похожие на нас, но не знающие запаха
пены, в которой рождалась Афродита в тот
час. И море шептало сейчас – сейчас, и
солнце согревало крылья.

МЕЖСЕЗОНЬЕ

Зима многостиший, – прошла
на пороге весна со словарём
                                многоточий.
На белом было легко находить
слова, – намного сложнее
искать среди
                                междустрочий.
Когда время совсем потеряет
размер, а тембр задастся
                                котами,
я соберу в охапку минуты – часы
      и заменю
                                слогами.
А рифму, рифму я подарю
          тебе, сложив из неё
                                оригами

* * *

Старые новости
        обратный отсчёт
                цейтнот с равнением
наперёд,
        а позади
кефир и печенье, –
        полдника парадигма.
              Сигареты "Полёт".

Баба с веслом.
        Компот.
              По телевизору –
диктор в экстазе
        орёт.
За стеной, –
        кто-то поёт
              оду трактористке.
Время вперёд!
        Гололёд.

* * *

Разделительная – двойная
        линия, хлебными крошками
                      отходная.
Если пятиться
        от испуга потому, что
        против – страшно,
           а за, – ещё
                      страшнее.
Коли в лес, –
        так Гензель
           и Гретель.
Коли из леса, –
        так вскормленный
           волком.
Выть на луну волчицей.
        На луну
           из латуни,
                да зубы
на неё скалить
        пока –
                не –
                    позеленеет.
А потом, как потухнет,
        выковать новую
               из
                  стали.

Выключить свет, и зажечь
        свечу из мёда
                и
                    воска.
Забыть послевкусие вопроса,
        вкуса
            медного
                    купороса.

ПОЧТИ ТАНКА

Как дерево теряет память
об оторванном листе,
так кожа забывает
прикосновение, отмирая.
Но всегда весна приходит.

* * *

Вечерний полицейский на обходной дороге сумеречных желаний, переведи стрелки и перенаправь движение. Потому, что в голове шумно. Много пустых разговоров, по ролям; и с самим собою, а хочется закрыть окна и предаться забвению, до последнего звука, до последней наносекунды Творения.

ПОЧТИ ТАНКА

Сирена скорой помощи,
В аккурат музыке
В голове – играет.
Вокруг падает снег,
Март. Весна умирает…

* * *

Жизнь рыб – изометрия
                    сельди на газете.
      Счастье быть
                            в центре новостей
        прежде чем будешь
                  съеден.
Бытие жирного пятна
на халате.
             Двоемыслие
                  календаря или обретение
     смысла
          во фруктовом салате.

Жевание жвачки – установка
          жизненного курса.
                Круговое
                      наблюдение с образованием
     нового
          культа.

Перевёл дни рождения
                  вождей
в мнимые даты.
          Сел – на – стул – и – стал – пить – чай
пока не
          пришли солдаты.

Я забыл дорогу –
        из духовной ссылки,
не покидая
             собственной
                    кожи.

По телевизору передают
        Обращение президента,
танец Фараона
                и бурные
аплодисменты
                      из ложи.

Проезд оплачен наперёд,
        автобусы ждут
                      под мостом
прячась от града,
        огня
            и всевидящего Ока,
                      ёжась.

Путь к утопии лежит
        через море тростника,
расслоение сознания
              и пустыню
                      убожеств.

Не шутите, не совершайте
        зря чудеса, если
                застряли
в сальто мортале над
            разнообразием
                      бездорожий.

* * *

Не приходя в сознание
   Из горения в забвение
Золой между пальцев
   Так и не утоливши жажды
      Вдыхая пену
Впитавшись в песок
   Медузы обжигающее
прикосновение
С ударением на
   первый слог
Увядание слов
   До кома в горле
      исступление
Абонент недоступен
   Грядёт послесловие
      кирзовых
    сапог.

* * *

Разделяя кровь от крови,
Изображая жизнь раз от раза. Источая яд порами кожи. Кроя все вокруг медным тазом.

Пряча глаза, от сглаза, да фигу в карманах камуфляжа. С вежливой улыбкой, растянутой под противогазом.

Каждому первому по одеколону, каждому второму по угарному газу. Хотели беспристрастия, а получили на могилу розу.

* * *

Говорили тихо
молились почти молча.
Прятали в рукавах лица
извлекая из вина иголки.

Осколки глаголов резали
пальцы, да разрывали кожу
уже вроде не рабы, но без
хозяина как-то негоже.

Искали свободу в пустыне,
сетуя на отсутствие меры.
Смешивали соль с прахом
Благословляли хлеб верой.

А наверху ждали, пока
начнут снизу, а внизу
ждали, когда наверху
захотят стать ближе.

* * *

Анатомия котлеты – диалектика хлеба с маслом
               Две стороны – одно отражение
и желание увидеть, что за
                              занавеской.

Умаление веры - причина для беспокойства.
               Встретил Фрейд на той
стороне Моисея. Ничего не сказал
                              Заратустра.

Ни супер эгом едины, а маршевым шагом
скотины.
               По углам со свечой искали рубины,
а нашли только хлебные
                              крошки.

* * *

Ты ходишь по тропам моего
сознания, топая и жуя бутерброд.
Я же следую за тобой,
таща на себе груз мироздания
подбирая крошки,
оставленные тобой.

Ты говоришь, что
коэффициент моего полезного
действия был равен нулю,
теперь – одному, после того,
как прочистив все чакры,
я уподобился слону.

Ты же, не выходя из лотоса,
продолжаешь топтать мой
интеллект. Я же, в очередном
ожидании фокуса,
продлеваю за деньги
партийный билет.

Как медную проволоку,
согнув между пальцами,
ты гнёшь событий горизонт.
Я же устав от твоих постоянных
наитий, тантрический секс
изучаю тайком.

Нас не догонят, – нет!

* * *

Когда закончится зима, –
                              настанет весна,
                    а может
    наступит сразу лето.

Ты спросишь меня:
            "Так будет всегда?"
    Я отвечу: "Нет,
            ничего вечного в Творении

нету.
Всё когда-то
    подходит к концу, –
            медленнее
                  или быстрее."

"Дурак, умничаешь как всегда", –
                скажешь, –
"Я ж про весну,
      а ты уже хоронишь лето!"

* * *

Перманентный щелчок
   Захлопывающейся мышеловки
заполняет сознание
    вытесняя мысли –
  вчерашние
     заголовки.

Мешок на голову –
   проверка гравитации
     вид сублимации
через сон – на – яву
  и усилением
     шнуровки.

Не успели пробить
   часы двенадцать,
   а ты уже в новой
      маске.
Очередной виток на
   орбите вокруг себя,
  как в сказке
     без смазки.

Перекати - полем высохшую
      грудь,
как забытый седьминой
     луг.
  Я бы вспахал его,
   но не хочу заработать мозоли.

* * *

Непризнанный герой
В поисках удовлетворения
От космических полётов
Вплоть до счастья
Куриного помёта воскурения

Как Сатир сидящий в кустах
Вдыхая запах жертвы –
Нимфа с косяком, зажатым в губах
По дороге домой
С судоверфи

Душевных страданий мечта
Радость страдания
– Налейте мне ещё вина!
Нет, – лучше водку,
да подайте в складном стакане.

Я буду звезды считать
Лёжа на диване
Пока Сатир, что застрял в кустах
Осознаёт своё
Никчемное существование.

CPSIA information can be obtained
at www.ICGtesting.com
Printed in the USA
BVHW090903150621
609534BV00007B/1361